DANK SPRACHERKENNUNG WIRD DIE PASSWORTEINGABE NOCH EINFACHER

Sie sollten umgehend den Stecker ziehen, sobald eines Ihrer Geräte ungefragt folgende Filmzitate zum Besten gibt:

„Ich will deine Kleider, deine Stiefel und dein Motorrad." (Terminator)

„Kein Computer der Serie 9000 hat jemals einen Fehler gemacht oder unklare Informationen gegeben. Wir irren uns nie!" (2001: Odyssee im Weltraum)

„Ich schwöre, dass ich niemanden umbringen werde." (Terminator)

„Autorisierung: Alpha Alpha 3 - 0 - 5. Selbstzerstörung ist defekt." (Star Trek)

„Sie haben keine Befugnis, diesen Bereich zu betreten." (Iron Man)

„I want to learn everything about everything. I want to eat it all up. I want to discover myself." (Her)

„Ich bin vielleicht synthetisch, aber ich bin nicht blöde." (Aliens)

„Es werde Licht!." (Dark Star)

„Für einen Menschen – nicht übel." (Aliens)

„Leben Sie wohl." (Star Trek)

„284.345.42.283" (War Games)

„Hasta La Vista, Baby." (Terminator)

„What is the privilege of the dead?" (Alphaville)

Alexa

Ein Feuerwerk ihrer größten Gags und witzigsten Witze!

Wie nennt man eine schwunglose Langhaarfrisur?

Hängematte!

Warum wachsen auf dem Mond keine Blumen?

Zu wenig Erde!

Sagt ein Ballon zum anderen: „Ich habe Platzangst."

Wo wohnen Katzen?

Im Miezhaus!

Was ist sieben mal sieben?

Feiner Sand!

Parallelen haben so viel gemeinsam. Schade, dass sie sich nie treffen.

Wie nennt man einen Champignon, der im Lotto gewinnt?
Glückspilz!

Was schmeckt süß und fliegt durch die Luft?
Die Birne Maja!

Was fährt ängstlich durch Berge und Täler?
Die Bammelbahn!

Wie nennt man einen Bumerang, der nicht zurück kommt?
Stock!

Hier wird 10x gelacht!

DER TAG, AN DEM DER CHEF-ENTWICKLER VON AMAZONS ALEXA DIE VERSTÖRENDSTE UND ZUGLEICH ERFOLGREICHSTE ENTDECKUNG SEINES LEBENS MACHTE.

Deutliche Anzeichen, dass Ihr Liebster mehr Zeit mit digitalen Assistenten als mit Ihnen verbringt:

- Er pinkelt freiwillig im Sitzen, weil man(n) sich so besser mit Siri auf dem Handy beschäftigen kann.

- Er schaut täglich in die Alexa-App, ob er endlich eigene Kosenamen vergeben kann.

- Er spricht nur noch im Befehlston mit Ihnen, allerdings auffallend artikuliert und deutlich.

- Sein Beziehungsstatus bei Facebook ist neuerdings "In einer Lebensgemeinschaft"

- Dank Smart Home-Einrichtung kennt er sich auf einmal mit Lichtfarben und deren psychologischer Wirkung aus.

- Er feiert auf die Minute genau den Jahrestag, an dem er sich den HomePod gegönnt hat.

- Ihren Jahrestag vergisst er dagegen, obwohl er sich vom HomePod daran erinnern lässt.

- Auf Instagram waren früher SIE mit auf seinen Selfies, heute sind es Smartspeaker.

Kein Grund zur Sorge: Die Maschinen werden erst dann die Macht ergreifen, wenn unsere Gehirne so weit degeneriert sind, dass wir es nicht mehr merken.

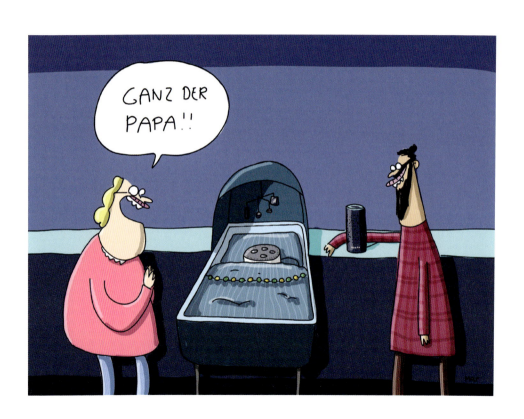

Manchmal hetze ich die Frauen in meinem Leben nur zum Spaß gegeneinander auf.

JÜRGENS GESCHIRRSPÜLER WAR MIT FACEBOOK VERNETZT

Michael Holtschulte lebt und arbeitet als Cartoonist in Herten. Er zeichnet für zahlreiche Zeitungen und Magazine (u.a. für *Süddeutsche Zeitung*, *Titanic*, *stern*, *YPS*, *taz*, *Eulenspiegel*, *Deadline*). Rein theoretisch wird Michael durch verschiedenste Geräte von fast jedem Sprachassistenten auf dem Markt überwacht. Praktisch haben sich aber nur ein paar Echos bei ihm eingerichtet und lassen ihn dank steuerbaren Steckdosen und Lampen Star Trek zu Hause spielen. *www.totaberlustig.de*

Piero Masztalerz, geboren 1970, wohnt in Hamburg. Er tourt ganzjährig mit seiner Cartoon-Show durch Deutschland und füllt immer größere Säle. Außerdem veröffentlicht er u.a. in *stern*, *Lübecker Nachrichten*, *Eulenspiegel*. Masztalerz besitzt zwei Echo Show und einen Dot, damit er die Wetteransage in der ganzen Wohnung hören kann (ohne aus dem Fenster schauen zu müssen). *www.schoenescheisse.de*

Martin Perscheid, Baujahr 1966, lebt und arbeitet in Wesseling, wo er sich mit Frau und Söhnen eine Behausung teilt. Seine Cartoonserie "Perscheids Abgründe" erscheint in vielen Tageszeitungen, er hat zahlreiche Bücher veröffentlicht, wurde mit Preisen ausgezeichnet, und die Caricatura in Kassel setzte ihm bereits ein Denkmal. Seine Versuche, Frau und Kinder gegen einen Echo Show und zwei Dot einzutauschen, blieben jedoch bis jetzt leider erfolglos. *www.martin-perscheid.de*

Alexa!
Originalausgabe
Copyright © by Lappan Verlag in der Carlsen Verlag GmbH,
Michael Holtschulte, Piero Masztalerz, Martin Perscheid,
Hamburg/Oldenburg 2018
Redaktion: Antje Haubner
Herstellung: Ralf Wagner
Alle deutschen Rechte vorbehalten.
ISBN 978-3-8303-6324-8
Printed in Latvia

Triff uns auf facebook.com/Lappan Verlag und auf instagram.com/lappanverlag
lappan.de
carlsen.de

Bücher, die Spaß bringen!

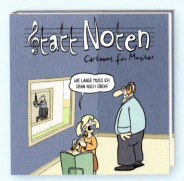

ISBN 978-3-8303-3495-8

ISBN 978-3-8303-6299-9

ISBN 978-3-8303-6321-7

ISBN 978-3-8303-6279-1

lappan.de